Sébastien Gafari

Habiter sans adresse

Sébastien Gafari

Habiter sans adresse
La cabane

Éditions universitaires européennes

Impressum / Mentions légales
Bibliografische Information der Deutschen Nationalbibliothek: Die Deutsche Nationalbibliothek verzeichnet diese Publikation in der Deutschen Nationalbibliografie; detaillierte bibliografische Daten sind im Internet über http://dnb.d-nb.de abrufbar.
Alle in diesem Buch genannten Marken und Produktnamen unterliegen warenzeichen-, marken- oder patentrechtlichem Schutz bzw. sind Warenzeichen oder eingetragene Warenzeichen der jeweiligen Inhaber. Die Wiedergabe von Marken, Produktnamen, Gebrauchsnamen, Handelsnamen, Warenbezeichnungen u.s.w. in diesem Werk berechtigt auch ohne besondere Kennzeichnung nicht zu der Annahme, dass solche Namen im Sinne der Warenzeichen- und Markenschutzgesetzgebung als frei zu betrachten wären und daher von jedermann benutzt werden dürften.

Information bibliographique publiée par la Deutsche Nationalbibliothek: La Deutsche Nationalbibliothek inscrit cette publication à la Deutsche Nationalbibliografie; des données bibliographiques détaillées sont disponibles sur internet à l'adresse http://dnb.d-nb.de.
Toutes marques et noms de produits mentionnés dans ce livre demeurent sous la protection des marques, des marques déposées et des brevets, et sont des marques ou des marques déposées de leurs détenteurs respectifs. L'utilisation des marques, noms de produits, noms communs, noms commerciaux, descriptions de produits, etc, même sans qu'ils soient mentionnés de façon particulière dans ce livre ne signifie en aucune façon que ces noms peuvent être utilisés sans restriction à l'égard de la législation pour la protection des marques et des marques déposées et pourraient donc être utilisés par quiconque.

Coverbild / Photo de couverture: www.ingimage.com

Verlag / Editeur:
Éditions universitaires européennes
ist ein Imprint der / est une marque déposée de
OmniScriptum GmbH & Co. KG
Heinrich-Böcking-Str. 6-8, 66121 Saarbrücken, Deutschland / Allemagne
Email: info@editions-ue.com

Herstellung: siehe letzte Seite /
Impression: voir la dernière page
ISBN: 978-3-8416-6847-9

Copyright / Droit d'auteur © 2015 OmniScriptum GmbH & Co. KG
Alle Rechte vorbehalten. / Tous droits réservés. Saarbrücken 2015

A droite, mon escapade entre amis en cabane nommée « Sonvasskoia » en 2011, situé au centre de la Norvège. A gauche, la cabane « Sonvassokia » utilisée par d'autres aventuriers au fil du temps.

Source : http://org.ntnu.no/koiene/

Note d'intention

A travers mon année en Norvège, j'ai découvert une culture et des approches de l'habitat distinctes de celles de la France. La Norvège possède un ancrage traditionnel fort avec des valeurs prioritaires basées sur la famille et le bien être personnel. Cette recherche de modèle se traduit directement par la relation que l'on a avec l'extérieur, par les activités communes et les loisirs. La cabane appelée « hytte » en norvégien est le reflet de ce mode de vie qui est le prétexte de ce désir de rassemblement. La *hytte*, se traduit par *hutte*, elle se présente comme la traditionnelle cabine de montagne possédée par environ une famille norvégienne sur trois. Ce qui explique pourquoi la Norvège vient en tête du classement des résidences secondaires par habitant en Europe. Il me semblait intéressant d'étudier ce système uniquement en Norvège mais une fois rentrer en France il m'a paru plus pertinent de me rattacher au lieu où je me situe et où j'ai toujours vécu. Il se trouve que la cabane en France a sa propre histoire et paraît comme solution au rêve de la résidence secondaire dans certaines régions.

Je marche six heures pour atteindre cette fameuse cabane, le dos chargé de bouteilles d'eau, d'un sac de couchage, d'une pierre à feu, de nourritures le temps d'un weekend. On la voit enfin au loin. Elle est indissociable du paysage qui l'entoure, elle n'aurait pas de sens sans cette vue. L'odeur du bois enivre, il faut aérer. Tout est spartiate mais ce n'est que provisoire. La nuit tombe vite, mais la soirée entre amis dure. On scie, on construit et déconstruit, on réajuste, on se crée des repères. A peine le temps de l'apprivoiser qu'il faut la quitter mais avant, nous devons graver nos noms sur la table en bois parmi les centaines d'autres noms. Notre passage devient indélébile, nous voilà partis, elle nous manque déjà.

Introduction	06
Le mythe de la proto-architecture	12
L'abri originel : allégorie à la nature	13
Le symbole de la traditionnelle « Log Cabin »	16
La cabin: symbole de l'habitat simple	16
La cabin : symbole de l'itinérance	17
La cabane à histoires	18
Apparition de la cabane dans les contes	18
La cabane comme symbole de l'imaginaire	19
Ré-évolution à travers les époques	20
Les représentations mentales contemporaines de la cabane	22
La cabane : un espace physique et psychique	23
Le mythe du retour à la nature	23
La cabane comme lieu psychique	24
La cabane comme analogie à la notion de liberté	26
Vers une mobilité	26
Habiter en extériorité	27
La cabane est un jeu	29
La cabane d'enfant comme 1ère construction	29
Jeux de rôles-Jeux de société	31

La cabane: un support identitaire 34

Postures identitaires en lien à la mémoire 36
    Conserver un héritage 36
    Revivre un souvenir lointain : le néo rural 37
    Quête d'expériences personnelles 38

Postures identitaires en rapport à l'autre 41
    Un cabanier citadin 41
    Appartenir pour vivre la solitude 42
    Le village de cabanes 43

Postures identitaires en lien à une façon de vivre 45
    Rajouts de la cabane selon ses envies 45
    Une vitrine personnalisable 47
    La satisfaction de l'inconfort 49

Conclusion 54
Bibliographie 57

Hutte, abri, cabanon, robinsonnade, baraque, appentis, remise, bicoque… les mots ne manquent pas pour définir les diverses variations de la cabane : Cabane du pêcheur, du paysan, du peintre, de l'écrivain, de loisirs, de l'ermite. Elle offre à son occupant un abri et surtout une échappée, une intimité ultime, un instant de rêve, une escapade dans un lieu plus souvent imaginé que vécu. Beaucoup de contes, de récits relatent de cabanes, crées par des écrivains ou enfants pour des aventuriers, des occupants hors du commun désireux d'un mode d'habitat original le temps d'un weekend ou de façon temporaire.

A travers les différentes influences culturelles, l'habitat secondaire se manifeste de plus en plus par la présence de cabanes dont le confort reste spartiate mais qui s'avère être des solutions optionnelles à l'accomplissement de l'acquisition de la résidence secondaire. Etudier la cabane en tant que logis alternatif à la résidence principale, lieu de loisirs, lieu d'investissement personnel, de repli sur la cellule familiale semble être d'actualité, car il s'avère que cette construction primitive aspire à un comportement contemporain et à de nouveaux usages. Mais quels désirs incitent à acquérir une cabane ? Quelles sont les réelles activités que l'on y trouve ?

La cabane apparait comme un balancier dans cette société avec l'idée d'aspirer à une vie plus simple et ainsi de recréer un lien aux valeurs d'une éducation passée en milieu campagnard le temps d'un week-end.

Cette microstructure est le reflet d'un univers social qui met l'accent sur ses anciennes utilisations mais réinvestie par de nouveaux usagers. La cabane devient un lieu de détournement qui s'avère être un dispositif de personnalisation libre. On assiste à un processus de réappropriation de la cabane qui tend à évoluer en y intégrant les besoins de confort modernes de notre société pour rendre le séjour vivable ainsi que la préservation de l'histoire du lieu présentant un folklore passé absolument nécessaire voire presque sacré à la distinction de la cahute.

Souvent faite de brique et de broc, la cabane est un lieu qu'il faut sans cesse réajuster, rééquilibrer selon son contexte, jamais réellement finie mais toujours dans un processus de réflexion. La cabane est une aire intermédiaire, un potentiel d'expériences, une rêverie universelle. Elle est une image forte indissociable à des représentations mentales individuelles et collectives de part les mythes auxquels elle est rattachée, c'est la seule construction où la notion de liberté est autant liée à une intervention architecturale. Elle relate l'idée même de se « sentir chez soi », elle est un refuge, lieu où se mêlent isolement et rencontre.

En quoi la cabane devient-elle un support identitaire chez les cabaniers ?
Différents processus de réappropriations peuvent interagir, cet habitat devient l'expression des valeurs universelles à laquelle elle est rattachée, ainsi nous trouverons quelles sont ces envies profondes qui poussent à réinvestir les cabanes. A travers une série d'entretiens avec les cabaniers, immersion dans leurs lieux de vies, je pourrais m'imprégner de l'histoire des individus, de leurs usages, la découverte de lieux, afin d'analyser l'expérience de la cabane.

Pour l'enfant, l'adulte et l'architecte, la cabane est une aventure à construire avec pour modèle sa simplicité architecturale et offre, au-delà du plaisir de réalisation, la possibilité d'approfondir une réflexion sur sa position dans un lieu, une introspection sur soi ou encore le rapport que l'on a avec la société. C'est ainsi que la cabane est rattachée à une notion de temps, celui qui passe, qui est compté et celui qui se perd.

    La première partie de cet ouvrage consistera à distinguer à travers différentes interprétations les origines de la cabane, sa présence dans les écrits retraçant l'habitat primaire la définissant souvent comme proto-architecture. La cabane est une construction qui nous entraîne vers l'onirisme, l'imaginaire, l'espace mobile mais de quels récits historiques s'appuient ces fonds à caractère imagé.

    En second lieu, j'analyserai les représentations mentales individuelles et collectives qui poussent à l'acquisition d'une cabane. Un va et vient entre le désir local d'un lieu qui permet de s'ancrer à des origines historiques et au désir sociétal que l'image de la cabane génère comme le mythe du retour à la nature, le retour à la simplicité matérielle.

    L'éventuel retour à l'enfance pour entretenir une mémoire, un souvenir personnel. Une représentation amplifiée de la vie marginale idéalisée où l'occupant peut vivre en communauté ou alors vivre l'isolement ultime pour la quête d'une exploration de soi ou du paysage. La cabane devient ainsi un lieu à la fois pratique et théorique démontrant que celle-ci traverse les âges.

    Enfin cet ouvrage questionnera le présent et le concret à travers mes passages dans les cabanes, aux entretiens libres avec les cabaniers, leurs histoires personnelles, leurs relations avec l'entourage, leurs réclamations. Mon ensemble écrits et entretiens va me permettre une transposition à la fois sensible et raisonnée de l'usage de la cabane aujourd'hui.

L'aménagement d'une cabane, sa disposition, sa fréquentation, son adaptation par rapport à de nouveaux contextes revendiquent t-ils une manière d'exister, un idéal, ou alors un sens fort à une ancienneté, une quête tant recherchée ? « L'Art de vivre » y est mis en avant en laissant la coquille telle qu'elle, reflet d'une vétusté qui vaut de l'or et en investissant l'intérieur à la guise des occupants afin de se créer des repères personnels qui ont une résonance lointaine avec nos mythes. Cet art de vivre est l'accomplissement de la béatitude tant recherchée.

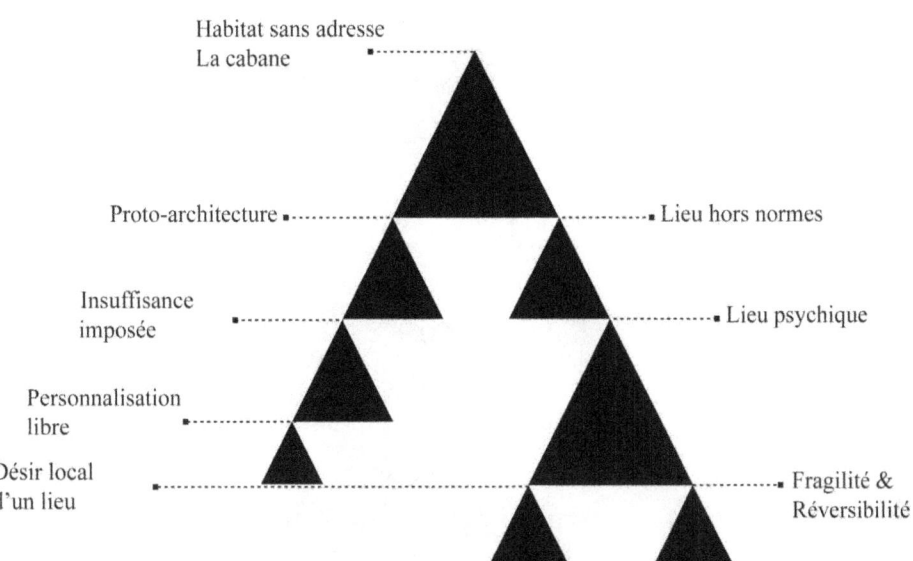

Diagramme de mots clés

Le mythe de la proto-architecture

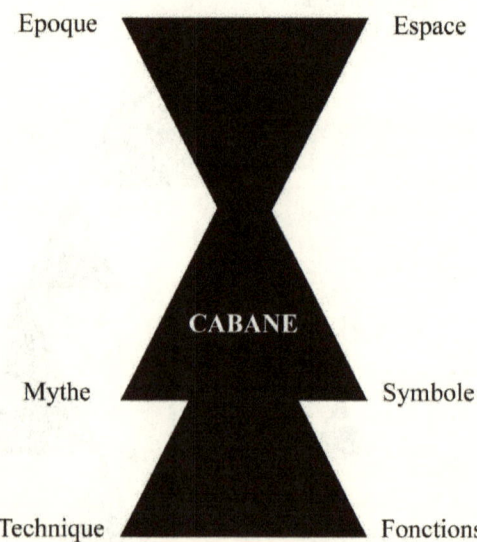

La cabane se réfère à plusieurs thèmes forts qui peuvent nous aider à comprendre sa pluralité à travers les époques, à travers ses fonctions et ses différentes interprétations. La cabane est semblable dans beaucoup d'écrit d'architectures originels, ce constat renforce l'imaginaire que l'on peut avoir à l'égard de cette petite construction précaire et primaire. Ainsi quelle est son origine ? Présente aussi bien dans les contes que dans la réalité, quels symboles a t-elle apporté à travers les époques ?

L'abri originel : allégorie à la nature

Le mot « cabane » provient du provençal *cabana,* qui désigne « petite maison », comme la chaumière. Il s'agit, d'une construction étroite, modeste, transitoire, précaire, rudimentaire, simple, un abri.

La cabane du berger en Suisse se nomme « refuge » et au Canada, on parle de « cabane à sucre » pour désigner la sucrerie artisanale de la fabrication du sirop d'érable. En haut allemand, « cabane » se nomme h*ûtte*, d'où le mot français «hutte» que l'on connaît. Le mot « hut » signifie « chapeau », peut-être peut-on y voir l'élément de la couverture, l'idée qui définie le refuge. Une hutte est une habitation primitive généralement construite à partir de branches, branchages, aglutinement de terre, pailles et autres petits matériaux.

Le verbe « hutter » exprime l'action de se loger pour un soldat dans la hutte et le « huttier » désigne le chasseur caché dans une hutte.

Dès l'Antiquité, la cabane est considérée comme un modèle à l'origine de l'architecture. La cabane serait née du besoin des hommes de se ménager un abri contre les intempéries. Telle est l'analyse du premier théoricien de l'architecture, Marcus Vitruvius Pollio (Vitruve), qui écrit à Rome il y a environ 2 100 ans un traité intitulé *De architectura*. Mais c'est au XVIII et au XIX siècle que se développe le mythe de la cabane, symbole de l'état de nature au philosophe Jean-Jacques Rousseau. Le récit des premières cabanes énoncés par Vitruve englobe ces mythes et classe l'architecture comme construction reproductible, or la cabane est un élément singulier donc par définition quelque chose que l'on ne peut répéter, un monotype.

On construit des cabanes en se servant de matériaux pauvres, d'éléments de récupérations qui créent une combinaison unique. Le théoricien Laugier réinterprète la symbolique de la cabane après Vitruve et assimile *la construction à la métaphore des vaisseaux d'arbres qui se forment en forêts, voire la structure osseuse des squelettes d'animaux*. La cabane de Laugier démontre ainsi les ordres en architecture avec la métaphore des poteaux de bois comme colonne et le branchage comme entablement et l'assimile au mouvement organique du gothique .[1] Il ne s'agit pas de dire que la cabane comme chez Laugier est un modèle idéal. La cabane est une discontinuité par rapport à la maison, fondamentalement, la cabane est une allégorie à l'itinérance, le corps mobile, avec l'humain que nous sommes. C'est une relation plus directe avec les éléments constructifs visibles.

La cabane primitive de Viollet Le Duc retranscrit la pensée constructive du gothique. « Epergos choisit deux jeunes arbres espacés l'un de l'autre de quelques pas. Se hissant l'un sur d'eux, il le fait courber par le poids de son corps, attire le sommet de l'autre à l'aide d'un bois crochu et, joignant ainsi les branches des deux arbres, il les lie ensemble avec des joncs. »[2]

Alors que l'évocation de la maison primitive permet à Le Corbusier

---

[1] *Marc-Antoine Laugier, Essai sur l'architecture, éditions Duchesne, Paris, 1755*
[2] *Violet le Duc, Histoire de l'habitation humaine.*

d'énoncer comme dans un mythe l'affinité qui existe entre l'architecture et la nature[3]. Dans la pensée primitive, ce sont les axes verticaux qui supportent l'univers. (Les arbres, les montagnes), en construction, ce sont les poteaux, les piliers qui reprennent la symbolique de l'arbre. Toutes ces traces d'expériences lointaines figurent toujours, à l'évidence, dans le cerveau archaïque de l'humain contemporain, même lorsqu'il dispose du confort moderne. Dans l'histoire de l'humanité, on retrouve, comme une constante, la recherche d'un abri pour se protéger de l'extérieur ou des prédateurs comme des averses, du vent, du froid ou de la chaleur.

La cabane n'est pas l'élévation parfaite d'un croquis ou la transposition exacte de l'idée même que l'on s'est faite de la future cabane. Les mots peuvent être les même mais diversement rangés ils font un sens différent. Penser comme on construit une cabane n'est pas la même chose que penser comme on construit un projet architectural. La cabane est une construction sans présence obligatoire d'un plan, une construction de l'imaginaire à l'instant immédiat. Primitive, primaire, il faut recomposer sans cesse, le modèle initial ne sera jamais identique au résultat. Voilà pourquoi la cabane est complexe et riche à définir, elle résulte d'un aboutissement d'imprévus qui s'ajustent dans l'instantané.

Pour construire une cabane, peu d'éléments sont nécessaires, elle a pour fonction de s'abriter des éléments extérieurs et de protéger la famille autour du foyer. La cabane peut, ainsi, être considérée comme le point de départ d'une histoire de la maison et le prémice de toute architecture.

---

[3] *Rémi Papillaut, Le Corbusier, le bon sauvage en son cabanon" article dans AA n°328 de juin 2000*

Le symbole de la traditionnelle « Log Cabin »
La cabin: symbole de l'habitat simple

Aux Etats-Unis, la cabane nord américaine représente l'architecture vernaculaire du pionnier. La *log cabin*, traduit littéralement « cabane en rondins », était une simple construction temporaire de troncs cylindriques, et de plain-pied. Son pouvoir emblématique l'a établit dans l'imaginaire populaire nord américain comme la référence de l'habitat simple, emblème d'une mobilité physique, d'individualisme, de grande liberté et d'union familiale.

Sa transmission n'est pas spécifiquement intergénérationnelle mais plutôt le résultat de l'exemple donné par la communauté, il est incontournable de s'intéresser à la *log cabin,* considérée comme l'habitation rustique des pionniers de la découverte de l'Amérique

Elle devient le symbole des Etats Unis à partir de la moitié du XIXème siècle. Henri David Thoreau, philosophe naturaliste publie *Walden ou la vie dans les bois en 1852* et délivre ses réflexions sur une vie simple menée loin de la société. Chaque « log » (traduit : tronc) est marqué du nom de son propriétaire, taillé dans l'aubier à la hache ou foré, assez profond pour ne pas être effacé au cours du flottage sans pour autant abîmer le bois.

« Ici les gamins apprennent à marcher aussi facilement sur les troncs flottants que ceux des villes sur les trottoirs ».[4]

---

[4] *Thoreau, Henry D., Walden ou la vie dans les bois, Ed. Gallimard, 2010, p. 47*

La cabin : symbole de l'itinérance

La cabin se développe dans divers endroits de la planète où les régions sont boisées, souvent montagneuses et de climat froid, c'est naturellement qu'elle apparaît en Scandinavie, en Russie, en Europe orientale et centrale, au Tibet, au Japon où cette microstructure a su s'imposer à la difficulté du climat et à s'adapter aux us et coutumes locales. C'est aujourd'hui qu'elle est réinvestie en habitat secondaire pour perpétuer les valeurs universelles à laquelle elle est rattachée. Son occupation se traduit par des séjours périodiques. La cabane en rondins aurait été importée par des émigrants scandinaves et allemands, ce qui implique que toutes ses caractéristiques étaient déjà connues dans l'architecture vernaculaire européenne. La cabane s'est ensuite développée en tant que typologie originale.

C'est alors qu'à travers l'histoire, la cabane connaît des variantes et bien qu'elle représente l'habitat primitif, sa fonction d'abri évolue et les maisons qui doivent en partie, leur structure et leur théorie au modèle de la cabane définissent l'habitat de nos jours.

Aujourd'hui la hutte se distingue de l'habitat. Bien qu'il existe des cabanes pour servir d'abri à des personnes, des biens ou des activités, ces structures ne bénéficient pas d'adresses et sont bâties de façon rudimentaire. Certaines doivent leur existence à la pratique d'un métier, d'autres à celle d'un loisir.

Entre une architecture ancrée dans la réalité qui a des fonctions et une architecture de désir, d'envie sans réelles utilités premières, la cabane est partagée entre ses origines tangibles et ses origines oniriques. A travers les cultures, la cabane est un langage suffisamment universel pour être appropriable, c'est une architecture qui s'exporte et ainsi inspire les contes et les récits.

La cabane à histoires

Apparition de la cabane dans les contes

Multitudes de personnages y vont, Boucle d'or, les trois petits cochons, les fées et sorcières y séjournent le temps d'un conte. La cabane est un lieu d'initiation à la solitude, aux bruits mystérieux de la nuit, au froid de l'hiver, elle est élément de protection contre la vie sauvage.

Si cette cabane est un abri pour héros, elle peut aussi se manifester comme un piège selon ses propriétaires maléfiques. Dans *Hansel et Gretel des frères Grimm,* la cabane construite de matériaux consommables et appétissants pour de jeunes enfants à base de pain d'épices et de sucre, est habitée par une sorcière qui utilise ces matériaux pour attirer les enfants dont elle fait son ravitaillement. En dévorant une partie du toit et des fenêtres de la maison en pain d'épice, nos héros montrent qu'ils n'hésitent pas à priver des personnes de leur demeure.

« *Quand ils s'en furent approchés tout près, ils virent qu'elle était faite de pain et recouverte de gâteaux. Les fenêtres étaient en sucre. - Nous allons nous mettre au travail, dit Hansel, et faire un repas béni de Dieu. Je mangerai un morceau du toit ; ça a l'air d'être bon ! Hansel grimpa sur le toit et en arracha un petit morceau pour goûter. Grethel se mit à lécher les carreaux.* »[5]

Dans certains contes, la bicoque se transforme en palais dans le *poêle de fonte,* elle peut être inaccessible tel un châtiment dans d'autres fables.

---

[5] *Frères Grimm, Hansel et Grethel Kinder- und Hausmärchen, vol. 1 (1812)*

La cabane comme symbole de l'imaginaire

Avant d'être sujet de récits, elle est un avant tout un outil pour créer. Souvent refuges de peintres comme Paul Gauguin et d'architectes comme Le Corbusier qui s' isolent du quotidien pour produire. Pour les enfants, la cabane est un lieu pour non être objet d'histoire mais lieu de production d'imaginaire. On y trouve des marionnettes, des découpages de papiers, des fabrications de déguisements, des conteurs, des ombres chinoises, des raconteurs d'histoires, des sons insolites. La créativité individuelle peut s'y déployer, potentialisée et reconnue par les autres. Entre la réalité physique d'une maison et l'imaginaire d'une vie fantastique. Elle est le support de l'imaginaire des histoires d'enfants. L'histoire change, on déménage l'intérieur, on réaménage et une histoire commence. La cabane peut également exister sans sa forme, en effet sa dénomination peut être utilisée pour désigner un détournement d'espace par les enfants dans le cadre du jeu. Ainsi tout espace peut être prétexte à une cabane telle un dessous d'escalier, un dessous de table, une partie de mezzanine ou encore un lit superposé.[6] La cabane ainsi fait appel à la petite dimension du monde et à sa relation non habituelle que l'on a avec le sol. Les enfants se retrouvent allongés, accroupis, perchés et recroquevillés démontrant que dès lors que la hutte existe, un rapport aux éléments physiques nous apparaît plus proche et tactile à celui du corps.

Alphonse Cagibi, grand explorateur, se lance dans un fabuleux voyage à la découverte de graines de cabanes du monde entier, des graines qu'il suffit de planter pour voir une cabane pousser ! Cabanes russes, cabane de rêves.[7]

---

[6] Philippe Bonnin, Espaces d'enfant : la relation enfant-environnement, ses conflits, 1987
[7] Philippe Lechermeier, Graines de cabanes Editions Gautier Languereau 2005

Ré-évolution à travers les époques

Je m'intéresse en particulier à la diversité et la multiplicité des formes de cabanes, autant de par l'espace qu'à travers le temps. Ce relevé permet de définir des usages pluriels nécessaires, les formes s'adaptent aux usages divers, aux mises en œuvre sociales et culturelles, elles apparaissent comme des entités indisciplinées. La plasticité de la cabane et son originalité de ne pas suivre les codes préétablis de la construction permettent une grande variété d'utilisation et d'interprétations.

En France, la cabane vernaculaire est avant tout un outil de travail et devient une microstructure réinvestie, héritage familial d'un passé pas si lointain ou nostalgie de citadins nés dans le milieu rural. Ces nouveaux cabaniers veulent de plus en plus se réconcilier avec leurs origines. Plurifonctionnelle, la cabane va changer de fonctions pour que l'occupant explore pleinement ses propres concepts de la cabane tout en gardant un œil bienveillant vers son passé.

Les cabanes se sont développées dans le Sud-ouest au milieu du XIXème siècle. La cabane n'est pas seulement un lieu dédié à l'évasion et au songe, mais aussi un lieu pratique pour travailleurs ancrés dans la réalité. Le Sud Ouest est une région où le travail est dédié aux grands espaces, au travail de la terre et de la mer, et les typologies de ces huttes évoquent cette époque. Pourtant, elles tendent toutes à évoluer pour répondre à d'autres besoins, le mythe de la proto architecture peut également rimer à une réadaptation continue de la fonction selon le temps. A travers les cabanes du Sud Ouest, on peut noter la mutation des activités due aux envies qui fluctuent selon chacun. Elle est, en soi, mouvante et entièrement adaptable.

La cabane vernaculaire va être réhabilitée, dépourvue de ses anciennes fonctions, le carrelet, la palombière, la cabane de résinier, la cabane de berger, la cabane ostréicole, la hutte de pèlerin ou encore le cabanon de jardins ouvriers seront détournés en habitats alternatifs. La forme se révèle multifonctionnelle puisqu'elle peut abriter plusieurs types d'habitants dans différents lieux à des fins distincts. Le contexte culturel change alors que le contexte physique perdure mais est réinterprété vers ce que la société renvoie. Quelles sont ces envies profondes qui poussent à réinvestir les cabanes ? Quelles représentations se fait on de la cabane ?

La cabane ainsi relève d'une définition globale entre réalité et imaginaire. Cette cabane est alors contée étant enfant, elle est construite par des grands voyageurs, elle est habitée par des personnages fantastiques, elle est le refuge ultime d'ermites, elle est un outil de travail sur l'eau, le long des côtes, sur les grands pâturages, perchés dans les pins. La hutte est un lieu qui fait appel aux sens mais permet également de révéler une posture ou une attitude envers la société contemporaine. Cette résultante permet chez certains cabaniers d'approfondir leurs positions spirituelles se révélant comme support identitaire. Elle reflète un univers qui attire, qui suscite une envie de faire partie de cette réalité enjolivée.

Les représentations mentales contemporaines de la cabane

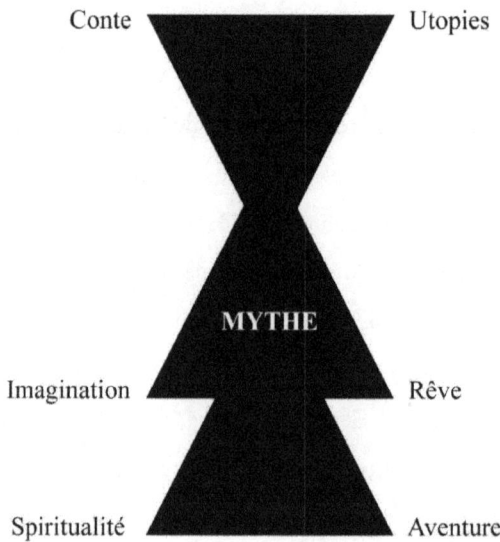

Provoquer l'imprévu, le hasard et l'aléatoire. Vivre une aventure réservant des surprises excitantes et permettant d'espérer la création d'un univers où pourront naître d'autres productions imaginaires et d'autres façons d'être avec les autres. Notre environnement actuel contribue à rendre les cabanes d'autant plus précieuses de part la culture urbaine et les grands systèmes de consommations de plus en plus présentes. Une réalité du quotidien qui renforce de façon indépendante le mythe de la construction autonome et originelle.

La cabane : un espace physique et psychique
Le mythe du retour à la nature

Dans des mégapoles, la nature est encadrée, contenue dans des espaces limités, formatée aux contraintes de la ville alors que la cabane a l'image de s'insérer dans un espace naturel sauvage. De plus, les nouvelles formes d'habitats verticaux où l'on préconise la densité en relation aux environnements minéraux urbains, conduisent à rechercher l'opposé dans un mouvement compensatoire qui peut prendre l'allure d'une régression, mais dont la fonction réparatrice est forte. La cabane est d'actualité, elle est même le résultat de son succès encore dissimulé de ce que à quoi la société aspire aujourd'hui. Pour Jean Didier Urbain « *une révolution secrète est en train de se créer au niveau de l'habitat secondaire* »[8]. Cette volonté fait l'objet d'un mythe ancien mais qui perdure, celui d'un mode de vie en lien avec la nature.

---
[8] *Entretien avec Jean Didier Urbain, extrait d'article de la revue Ville école intégration n°156 paru en mars 2009*

En effet, les conséquences de la surconsommation sont rejetées pour certains et préfèrent créer leur propre balancier dans une société où les valeurs qualifiées de « simples » disparaissent au profit d'une industrialisation massive, une automatisation du monde. De plus en plus craintif, aux conséquences que cela peut avoir comme impact, de nouvelles tendances voient le jour comme la « mode de l'écolo » où nous entrons petit à petit dans l'ère du retour à la nature, de la sensibilisation à la campagne, à la volonté de retrouver l'échelle humaine, tout en y intégrant le désir de préservation à l'environnement.

La cabane devient en ce sens une réponse directe à tous ces préceptes. En effet dans ce sens, elle est un habitat plume, tel un nid reflétant le concept d'être enveloppé, protégé et lové dans la nature tout en ayant le moins d'impact sur la planète. Elle reflète une idée de la nature que nous désirons tous en la craignant.

La cabane comme lieu psychique

La cabane comme « lieu psychique » est un « instrument qui sert aux productions mentales » que Sigmund Freud compare à un microscope ou à un appareil photographique. « Le lieu psychique correspond à un point de cet appareil où se forme l'image »[9]. Un point nullement palpable, seulement idéal. La cabane est, avant d'être une construction, une image : celle que l'on rêve, celle que l'on projette de construire soi même. La cabane est accessible car elle ne requiert pas de techniques complexes pour se l'imaginer, elle ne requiert pas de codes constructifs. Mal réalisée, bancale, la cabane ne se connaît pas de défaut de fabrications, elle est acceptée avec ses malformations et enchante l'imaginaire par sa maladroitesse.

---

[9] *Sigmund Freud, L'Interprétation des rêves, 1900, PUF, 2005*

Le processus de construction de la cabane est un processus si singulier qu'il n'a pas de systèmes constructifs directeurs, elle n'a aucune forme prédéfinie, la nature va chercher à reprendre ses droits sur l'abri temporaire où se loge l'enfant, on réutilise des morceaux de ferrailles, des bouts de tissus, des bobines de fils oubliées. Leurs dénominations perdent de leur sens une fois associées à d'autres objets. L'identité de chaque objet se dilue, cet assemblage recrée un nouveau point de vue.

Ces vieux objets sont familiers mais sont examinés d'une nouvelle façon. Les cabaniers transcendent le passé et réactualisent sans cesse les objets. Les sens se réinventent, un dépassement du poids historique pour un nouvel usage. Cette fuite éventuelle dans un monde nouveau emprunte assez à l'ancien pour que nous puissions nous y reconnaître mais qui suppose un nouvel emploi pour que nous ayons le sentiment d'être devenu quelqu'un d'autre. C'est le rêve que poursuivent aujourd'hui certains, parvenus à l'âge adulte, mais c'est un rêve qui trouve sa meilleure signification à travers l'écriture. De sorte que les livres traitant de ce rêve de la cabane sont des cabanes mentales susceptibles de donner à nos pensées la mobilité du voyageur. Plus tard, les adultes aménagent leurs cabanons avec les mêmes préceptes, où seuls la famille et quelques amis proches ne sont acceptés. La cabane est un lieu social mais sélectif, en effet elle se révèle comme un espace convivial mais ce ne sont que les intimes qui sont invités. Regroupées, les cabanes ressemblent à des aires de jeux.

La cabane est une alternative à une quête de liberté en réponse à une société trop cadrée pour certains, sectorisée par une hiérarchie qui peut paraître tel un poids au quotidien. La hutte est une façon de vivre de la même manière qu'en société mais avec une légèreté et un divertissement autre.

La cabane comme analogie à la notion de liberté
Vers une mobilité

Les activités productives comme la pêche, la plantation, la cueillette peuvent permettre d'évaluer la qualité de fonctionnement de la cabane et ainsi sa valeur pratique. Cette nouvelle tendance qui explique cette forte envie d'être bi résidentiel est avant tout la quête de la mobilité dans la société contemporaine. La maison principale n'est plus un cocon aux multiples barrières infranchissables aux étrangers, elle devient un produit qui permet de gagner de l'argent quand la famille s'évade dans son habitat de campagne. Les limites deviennent traversables, la maison devient poreuse appuyées par des systèmes qui connaissent un succès fulgurant comme « airbnb »[10] ou « couchsurfing »[11] permettant de laisser à disposition son logement moyennant un tarif par nuitées ayant comme principal argument de « se sentir comme à la maison »…Cette mobilité florissante va permettre aux propriétaires de résidences principales de s'évader vers d'autres typologies d'habitats tout en ayant une source de revenu. Ainsi des procédés actuels favorise la mobilité tel que le phénomène « Smartbox » permettant de s'évader le temps d'un weekend vers de nouvelles aventures. Ce système convient aux citadins ne pouvant s'offrir un habitat secondaire mais pouvant jouir ponctuellement, l'évasion vers un autre chez soi temporaire. Le système mis au point va utiliser les mythes de l'habitat mobile pour faire rêver le consommateur. Ainsi nous assistons au coffret « retour aux sources », au « séjour pittoresque », « Nuit en terre inconnue », que des titres favorisant la rêverie et la mobilité. En effet, l'habitat nomade est ici un type d'habitat idéalisé et contrasté par notre contexte urbain qui attire mais n'est

---

[10] *http://www.airbnb.com/*
[11] *http://www.couchsurfing.org/*

apprécié que par la courte durée. L'idée d'être quelqu'un d'autre de façon ponctuel permet de goûter à ce mode de vie dont on n'oserait s'engager de façon durable. Cet aspect par contre, peut être décisif dans le choix de posséder une cabane ou alors de se positionner à ce style de vie.

Habiter en extériorité

La polarité intérieur-extérieur dans une cabane n'existe pas à contrario d'une maison. La cabane est toute en extériorité, elle est un prolongement d'un espace naturel, tout comme celle-ci la pénètre de part en part.
Extrait de Walden[12] : *Pour nettoyer sa cabane il sort le mobilier, étale dehors tous ses biens sur le sol, faisant des bois environnants le prolongement de sa demeure. Il fallait voir comme le soleil brillait sur ces objets, comme le vent y soufflait librement, les choses les plus familières ont l'air bien plus intéressant quand elles sont dehors qu'à l'intérieur de la maison.*
La cabane tient de suite en éveil ses occupants, en prise avec ce qui les entoure comme l'idée d'habiter une vue ou un paysage. En effet, la cabane est indissociable à son environnement, c'est ce qui lui donne du sens. La dimension de la cabane peut être petite, la vue, elle est continue, le regard ne se stoppe pas : c'est l'impression du grand espace. La notion même d'habiter une vue et ainsi l'impression de n'acquérir pas seulement une cabane mais également un morceau de montagne, de lacs ou d'espace vert. Cet environnement permet d'être en ascèse et d'avoir une relation plus sincère et physique avec son espace. Elle permet de pouvoir se positionner par rapport à la société et d'assumer un choix de façon de vivre. Généralement, les cabaniers redécouvrent la quête de l'effort physique et ses bienfaits spirituels.

---

[12] *Thoreau, Henry D., Walden ou la vie dans les bois, Ed. Gallimard, 2010.*

Habiter un lieu uniquement par le mobilier
Projet de cabanes mobiles / immobiles - Sébastien Gafari

Cette évasion ne se transmet que par la force captivante des images et des mots. Ainsi, la cabane restera toujours la résultante de transformation, d'assemblage qui peut être monté et remonté à tout moment donnant un sens différent au récit premier. Cet assemblage qui requiert tout de même une vraie ruse, lie la cabane à la notion de jeu, de montage ludique, c'est l'architecture incrémentielle.

La cabane est un jeu
La cabane d'enfant comme 1ère construction

La cabane est fortement liée aux récits. Elle a souvent été dans les contes l'objet d'épopées merveilleuses, aussi bien que Bachelard pense que le but de l'enfant est d'avoir une cabane et celui de l'homme une maison. Comme tout enfant, si l'environnement le permet de faire de l'architecture rudimentaire en créant des petites robinsonnades à bases de branches, de cagettes, de couvertures, de pinces à linges, de pierres alignées pour délimiter une zone alors la conception d'un emplacement privilégié et unique se dessine dont on est le seul maitre du lieu.

Je me souviens d'avoir joué aux cabanes étant enfant à l'arrière de mon jardin contre un tronc d'arbre imposant, bien que je n'ai pas réussi à la concevoir, elle fut bien présente dans mon imaginaire, l'envie secrète que ma cabane soit ma cachette ultime, le refuge par excellence. [13]

---

[13] *Souvenir furtif de mon enfance*

Le but de la cabane pour enfant à celle du retraité ne change pas, il définit idéalement le lieu de retrait de la vie quotidienne. La cabane de l'enfance est le lieu où les secrets peuvent être révélés à voix haute. C'est le lieu privé où les règles du jeu sont fixées par l'enfant, il est le maître des lieux et aucun étranger en particuliers les parents ne peuvent y pénétrer. Ici, l'usager est une sorte d'investigateur hasardeux tentant d'habiter un espace. La taille de la cabane d'enfants n'est pas adaptée à celle des adultes, et l'enfant vit dans une pièce plus imaginée que réelle.

Mais la différence avec un adulte, l'enfant n'habitera jamais deux fois une cabane de la même manière. Tantôt un bateau pirate, tantôt un château fort, tantôt une cachette au trésor. C'est le lieu d'expérimentations plus ou moins hasardeux dont les conséquences ne seront heureusement pas trop préjudiciables, se soldant par la réalisation d'une habitation inespérée… ou l'effondrement d'un toit incertain.

Bref, tout un ensemble d'éléments qui laisseront leurs marques positives ou frustrantes, renforçant le plaisir et le goût d'entreprendre ou, au contraire, en le teintant d'aigreurs, quand il peut se finir par l'échec de réalisation de la hutte.

Jeu d'enfant en premier temps, Gaston Bachelard la définit comme maison onirique, la cabane est présente dans de nombreux contes merveilleux, elle est l'abri de rituels pour des héros, elle est le lieu d'initiation pour accomplir une étape dans la vie d'un personnage. Entre l'aire de jeux du bambin et l'aire de loisirs de l'adulte, il n'y a qu'un pas.

Jeux de rôles-Jeux de sociétés

    Cette créativité suppose une façon d'examiner notre environnement en nous rendant libres par des objets trouvés qui feront sens dans notre esprit. La cabane est un jeu dans la façon de communiquer avec l'autre, le constructeur d'une cabane est toujours inscrit dans une différence qui l'oblige à se singulariser : les enfants se distinguent de leurs aînés où les adultes se distinguent de leurs ancêtres.

    La cabane est une solution pour certains groupes de marginaux de la société, la cabane transpose le désir de ne pas se fixer, et de se rassembler. Les cabanes sont donc un sujet à la fois ludique et sérieux, s'amuser à habiter ; habiter pour s'amuser. S'amuser à vivre différemment. Jouer à être un autre. Jouer avec les autres. Telle une microsociété, certaines personnes cherchent durablement à en retrouver un semblable dans les lieux où ils résident et les situations de vie qu'ils s'aménagent. Ils jouent alors sur les couleurs des murs et des plafonds, les lumières, l'ameublement, la dimension de la pièce... rivalités et différences de force, de sexe, de créativité entrent en jeu. C'est celui qui sera le reflet le plus proche possible de son intérieur.

    L'architecture géopoétique permet de s'interroger sur la relation que l'architecture entretient avec le dehors, avec ses manifestations et ses répercussions. La cabane est une figure géopoétique car elle nous ramène à une nostalgie enfantine, en renouvelant cette expérience, l'occupant perçoit sa cabane de manière familière avant d'y avoir vécu.

« La cabane est l'objet le plus simple d'accès dans lequel se rencontrent la créativité, l'expression d'un constructeur et les éléments de la géographie (Climats, végétations) (...) »[14] Ainsi la cabane se révèle être un espace qui nous renvoi à des bienfaits spirituels.

On passe de l'une à l'autre comme d'un univers à un autre, par une progression qui nous fait avancer dans un espace temps à multiples fonds. Derrière l'aspect ludique qui caractérise sa fabrication et son foyer, se regroupent tous les enjeux les plus essentiels de l'édification humaine.

---

[14] *Traité d'architecture sauvage Jean Paul Loubes Essai Ed. du Sextant, 2010*

La cabane: un support identitaire

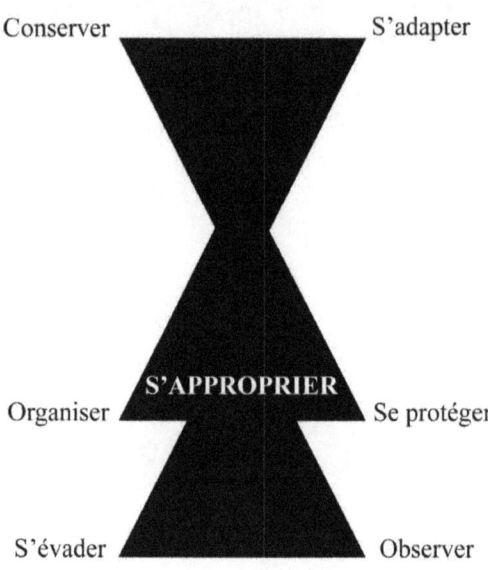

A travers les propos de plusieurs occupants de cabanes, nous pouvons constater plusieurs appropriations de la cabane qui exposent une revendication identitaire, voire une philosophie de vie à être cabanier. Cette partie propose des analyses contextuelles appuyées sur les recherches empiriques précédentes. Ces analyses vont se traduire par des enquêtes, des états des lieux, des entretiens, des récits d'occupants, des analyses spatiales dans des quartiers de cabanes. Comment et pourquoi la cabane devient elle un support identitaire ?

Il existe environ 1 500 cabanes construites sur le Domaine Public Maritime gérées par différentes institutions. Les ports situés sur les communes de la Gironde à forte concentration de résidences secondaires sont principalement gérés par l'Etat ou par les municipalités plus préoccupées aux activités touristiques d'urbains en mal de cabanes en bords de mer.

Avec leurs restaurants cabanes, leurs ruelles de plus en plus esthétisantes, ces vrais villages de cabanes en bois imbriquées vous offrent des petits passages à emprunter semblant vous faire pénétrer chez les gens. Le chemin monte et descend légèrement, ce dédale d'artères serpente autour des huttes créant des cadrages magiques sur la mer, les cabanes d'ostréicoles se parsèment entre les cabanes touristiques d'urbains, aussi minuscules que pittoresques, le promeneur parcoure un modeste hameau à son échelle. Finalement la richesse est là, celle de pouvoir suspendre le temps.

Postures identitaires en rapport à la mémoire

Conserver un héritage

La cabane est un élément fondateur de création de communauté revendiquant le désir d'appartenance à une identité locale. La poursuite d'un héritage est alors un trésor à perdurer et peut être transmis de générations en générations dans un milieu distinct. La revendication identitaire d'une succession se traduit par une transmission de savoir faire acquis, par le plaisir à inventer des espaces nouveaux et à le partager mais avant tout à la transmission de faire ensemble.

La cabane peut devenir ainsi un lieu d'initiation intime avec ses prédécesseurs et permet de garder en mémoire les siens. La cabane peut être à l'image de certain, un monument de commémoration, un totem spatio-temporel dans l'espace. Il change de statut pour acquérir un caractère sacré, et devient plus signifiant qu'une photographie à conserver recelant chez le nouveau cabanier des souvenirs, des histoires familiales, voire des rumeurs sur la hutte.

L'apparence modeste de la bicoque ne donne pas l'aspect qu'elle est ancrée sur ce lieu depuis un siècle subissant les fluctuations de la société. Ces couches de vies doivent à tout prix être transmises des plus âgés aux enfants afin que la cabane ne devienne pas simple coquille vide. Quand la cabane devient le symbole de la maison familiale alors nous ne parlons plus que de simples mémoires mais de patrimoine. La cabane familiale renferme des passés différents, des influences diverses et sait évoluer selon les nouvelles techniques. Ne pas perdurer la vie de la cabane serait alors un profond traumatisme pour ses utilisateurs, la cabane porte le nom de ses occupants et une petite réputation doit absolument perdurer.

La cabane est une part des traditions du Sud Ouest, elles sont parfois ancestrales et font référence à une analogie intime du régional. Les cabanes sont gardiennes d'un passé car au fond, le cabanier se chauffe toujours à l'aide du feu, se lave grâce à la récupération d'eau et ne manque jamais de bois. Les cabanes ont pratiquement tous des greniers servant à stocker les outils ou les denrées, d'ailleurs les cabanes étaient appelées « chai » dénommant le lieu de travail des huitres. Les outils, différents engins et instruments deviennent des reliques et sont transformés en bibelot sacré. Véritable caverne d'Ali Baba, les objets avec le temps ont un autre sens et sont réinterprétés différemment, ils perdent leurs usages profanes et un petit musée personnel s'étoffe.

Revivre un souvenir lointain : le néo rural

Souvent nait l'idée à partir d'un souvenir lointain, de revisiter les plaisirs de campagne. Le reflet d'une éducation passé dans les grands espaces peut s'avérer être vécu comme un choc à l'urbanisation fulgurante de nos villages devenus villes. L'exode rural a permis de pouvoir vivre pleinement la société de consommation avec tous ses avantages et ses services de proximité puis de pouvoir jouir d'offres d'emplois, de la vitalité industrielle des années 60. Mais après y avoir gouté, l'arrière gout semble amer pour certains refoulant une partie de leur passé existant en campagne. Un retour à la nature en ville se veut être une solution adéquate mais dont les limites se dessinent vite face à un existant brutal. Le choix personnel de repartir gouter aux espaces naturels est totalement lié à un parcours individuel. Cette impression de pouvoir ressentir l'intensité du temps y est plus fort, de pouvoir revenir à une relation saine et physique avec son environnement démontrant chez certains que la seule issue de pouvoir retrouver cette qualité de vie est de renoncer à un confort acquis. Un signe d'évolution sociale est en marche pour revenir à une décroissance volontaire. La volonté des nouveaux venus à aller vers les autres, à participer et s'investir dans la vie locale (associations, fêtes) représente la principale condition d'intégration des nouveaux venus à la population locale. Ces quelques facteurs donnent une explication plausible des motivations d'un projet de vie campagnard pour un citadin.

Il ne s'agit pas non plus de s'expatrier dans une ruralité profonde mais de retrouver des confins verts. Une démarche qui se situe quelque part entre retour aux sources et fuite. Mais nous ne nous situons pas dans un aspect « ville contre campagne » mais dans une relation complémentaire qui permet de dessiner entre ces deux entités un continuum géographique. Pour d'autres, à défaut de racines, et dans un monde qui évolue à des rythmes nouveaux, ils sont à la recherche de leur véritable identité, qui, loin d'être ancrée dans un passé mythique, est plutôt de nature complexe et composite, peut-être une réminiscence des images qui glorifient la nature. On pourrait le manifester comme un nouveau profil identitaire qui synthétise tout à la fois le passé, le présent, le futur, la culture, la nature, la modernité et la tradition, une identité plurielle et non unitaire.

Quête d'expériences personnelles

L'habitat secondaire à travers les cabanes peut se transmettre par une forte envie d'expériences et de rencontres, les cabaniers sont ainsi souvent des personnes n'ayant pas d'attaches avec d'autres individus. L'habitat de cabane invite ainsi à réintégrer les modèles de société et ainsi l'innovation peut se situer au niveau du processus entre les personnes comme l'autoconstruction mutuelle, au nom également de la liberté de pouvoir choisir la forme de logement dans une optique de choix de vie. Ce procédé, dans son aspect général, permet des zones d'expérimentations et de créativité et l'autorisation du droit à l'erreur constructive.

La cabane s'ancre profondément dans la réalité en mêlant les croyances personnelles, les identités culturelles et ses diversités pour un respect sur ce qui est établit. Auto construire est alors synonyme d'expériences à vivre et ce procédé notamment né à Pessac, dans le Sud Ouest par « Les Castors », était à la fois une posture contestataire en réaction à l'ordre établit et permettait de répondre aux trois motivations principales de concevoir un logement digne.

Les besoins de sécurité
physique et mental

Le besoin de santé      Le besoin d'intimité
physique et mental   et d'isolement

Une autre société est possible

D'autres types      D'autres relations avec les
d'habitats sont possible   habitants sont possible

Analyse de l'habitat alternatif décent : analyse n°5 de «Habitat et participation : asbl »
réalisé en juin 2011

Les débutants demandent aux initiés de l'aide et un chantier participatif permet de créer des réseaux de services et de connaissances favorisant la future intégration. En échange de la participation à la construction, une gratitude leur est offerte tel que des besoins d'espaces potagers, ou d'entretiens chez les autres cabaniers. Ainsi cette démarche ne naît que par la conviction personnelle de se situer dans la société mais démarre avant tout d'un croquis issu d'une pensée furtive. Ces expériences collectives permettent de révéler un besoin relationnel de différents acteurs tel que l'entre aide, le partage, la vie en communauté, la solidarité, la resocialisation des cabanes.

Postures identitaires en rapport à l'autre
Un citadin cabanier

On n'est pas dans le simple choix d'un quartier, d'un pâté de maisons, mais de lieux radicalement différents qu'éveille un désir chez le cabanier. L'unique motivation d'acquérir une cabane et de l'exploiter, et bel et bien le désir, l'envie, de se projeter. Le lieu est souvent le moteur de vouloir vivre l'expérience car c'est la projection de choisir un lieu qui nous habite, le site propulse le vœu de s'y implanter et avoir une cabane dans un espace naturel. C'est avant tout se laisser influencer par un environnement dont on dépend. La cabane connaît une force d'adaptation insoupçonnée face aux aléas d'un lieu. Il peut s'ajuster à un espace très urbains comme à celui d'un espace vierge. Mais quels repères identitaires trouvent-ils à choisir ce lieu pluot qu'un autre ?

La cabane en ville est forcément une entité étrangère à l'espace urbain. Elle ne peut être implanté là tel un objet indépendant sans être comparé à son environnement citadin. Tel un objet curieux que l'on voudrait découvrir, elle est une attraction qui se contemple de loin. Les cabaniers du quai de la Souys y voient, ici, une localisation parfaite, non loin de leurs appartements et de l'hyper centre de Bordeaux, ils peuvent s'échapper rapidement en voiture ou en bus pour accéder à leur hutte introvertie côté rue et extraverti côté Garonne révélant un paysage aux allures vierges et à un mimétisme d'espace rural.

On appartient à la grande communauté de la ville, bien que la cabane soit clôturée par peur de vandalisme, recevant ainsi tous les méfaits de l'espace urbain, elle se veut proche de toutes les commodités. Nous ne sommes pas dans une configuration où l'on dépend de nous même, la vie en autarcie est juste rêvée mais pas appliquée. L'identité du cabanier appartient encore à celui du citadin qui est ancré dans la ville. La communauté ne s'effectue pas entre voisins mais elle s'effectue en lien avec la ville. Ils y habitent et gardent leurs cartes de bus[15] dans la cabane pour d'éventuels déplacements. Ils peuvent s'évader dans leurs écrins sauvages tout en se sentant rassurés d'être à proximité de repères, d'être proches des leurs.

L'idée de posséder sa cabane devant un hyper marché n'est pas la même configuration que s'expatrier un weekend sur une île vierge et très peu peuplée.[16]

Appartenir pour vivre la solitude

La notion de communauté propose un sens large et ne se qualifie pas seulement par le partage d'activités entre cabaniers mais aussi l'appartenance spirituelle à une cause commune. Sur le site de l'ile aux Oiseaux, le rêve de la cabane peut également se transmettre par le biais d'une escapade lointaine difficile d'accès où peu de gens peuvent y pénétrer. Différente d'une cabane en

---

[15] *Entretien avec Francis, cabanier quai de Souys*
[16] *Référence à l'hypermarché « Auchan Bouliac » en face des cabanes quai de la Souys et le site « l'île aux oiseaux ».*

ville, ici, on accède à une communauté de privilégiés pour vivre la notion de solitude et la fusion avec un espace extérieur et sauvage. La communauté est reconnue par le lieu mais n'est pas vécu entre voisins.

Cette appartenance devient presque un statut social alors qu'il ne s'agit pas d'argent, être riche ne servirait à rien pour acquérir une cabane sur l'île aux oiseaux, il faut être convaincant et préciser de quelles manières vous vous engagez à la protection du site. La motivation de la cabane choisie suppose que vous l'ayez visitée et que vous vous y êtes projeté. Nous sommes dans la quête absolue d'assouvir une envie, un désir profond qui anime l'individu. Cet accomplissement personnel ne se fera que par l'acquisition de la hutte. Votre profil ne doit pas être en contradiction avec votre passé, vous devez présenter vos actions antérieures envers l'île, envers la nature, votre philosophie de vie et rester dans une suite logique de votre mode d'habiter. Enrichie par les représentations mentales collectives de la société que la cabane renvoie, par ce qu'elle révèle comme posture identitaire, le résident devient forcé d'adhérer à une appartenance pour vivre sa notion de liberté. Cette communauté lie les cabaniers par leur profil et leur philosophie commune, mais spatialement, l'union n'existe pas. Chacun se définit comme un sauveteur solitaire de la nature.

Le village des cabanes

Les abris de loisirs ne sont pas indépendants, elles évoluent selon un rapport avec une société donnée avec ses valeurs socio-culturelles, selon le mode d'occupation, on y découvre des abris saisonniers, périodiques, secondaires fonctionnant comme signes d'identités.
Nous pouvons dire que nous distinguons deux types d'habitants :

- Ceux qui sont présents sur le site dénommés pionniers, souvent les pêcheurs et les ostréiculteurs, car ils ont la caractéristique d'avoir vu et vécu les changements du site.
- Ceux qui sont arrivés récemment, « les nouveaux » qui eux ont un désir d'implantations de résidences secondaires.

Les pratiques tournées vers la pêche et de loisirs n'offrent pas toujours une franche frontière entre le domaine professionnel et le plaisancier, c'est dans ce cadre où ces différentes activités s'interpénètrent dans un même espace, plus souvent qu'elle ne s'opposent ou se différencient. D'autres part la nouvelle population concernée par ces activités professionnelles offrent une certaine homogénéité sociale et culturelle présentant un mélange subtil entre tradition et nouveaux modes de vies. La population qui occupe les cabanes recherchées est toujours constituée d'un noyau d'ostréiculteurs de plus en plus noyé au sein d'un ensemble offrant un profil social plus diversifié, mais ouvert majoritairement aux couches populaires. Cette absence de tranche nette entre les statuts sociaux caractérise l'évolution de l'abri contemporain. La mixité de collaborations communautaires dans les modes de construction implique des règles et des contraintes collectives, mais aussi une charte personnelle dans le style des cabanons. On observe en second plan, en fonction des moyens de chacun, que la cabane est un espace d'apparat. Les cabanes se ressemblent mais n'ont pas les mêmes types de propriétaires.

En effet, les nouveaux cultivent l'identité locale déjà affirmée du lieu, en préservant le plus souvent l'apparat existant. On ne fait pas de distinction entre les cabanes et une homogénéité inattendue prend forme. Les ustensiles de pêches et les vieilles enseignes restent alors que l'activité meurt. Pourtant, le rassemblement hétérogène des statuts sociaux permettent d'engendrer également une petite économie villageoise. Les cabanes ostréicoles fournissent les huitres aux cabanes restaurant et font le bonheur des plaisanciers. Ainsi, un système d'économie locale voit le jour et renforce l'idée de communauté.

Cette communauté peut également s'expliquer par la faible urbanisation des villages de cabanes, l'échelle du piéton y est privilégiée autant que la proximité et l'intégration s'y fait naturellement. Les rituels de promenades permettent une relation directe avec les habitants. Les cabanes abritent de grandes familles, avec plusieurs générations dormant sous le même toit le temps d'un weekend. Les ruelles étroites des villages comme « l'Herbe », couvertes de coquilles d'huitres permettent le lien d'une cabane à l'autre. La promiscuité entraîne une convivialité dans le village. Les cabaniers s'interpellent toujours et les visiteurs s'étonnent à voir des habitants arrosant leurs plantes. Il n'y a pas de jardins, ni de clôtures privées, les ruelles sont partagées entre familles et quand la place le permet, de grandes tablées en bois prennent place pour partager un repas en famille ou des veillées vécues comme des moments privilégiés.

Postures identitaires par rapport à une façon de vivre
Rajouts de la cabane selon ses envies

La cabane n'est rarement qu'une simple construction indépendante, elle est toujours de paire avec des constructions annexes. Ces attaches se manifestent très souvent par des pergolas, des pontons, des remises fonctionnelles comme des WC ou une douche, des terrasses, des balcons. La cabane, ainsi, s'agrandit par le rajout au gré des propriétaires. La cuisine appelée « cuisinotte » était une pièce rapportée souvent petite et étroite, la cabane gagnait un mètre sur la rue et s'agrandissait discrètement. Cette envie de vivre à tout prix à l'extérieur révèle aux vacanciers désireux du bon air d'investir le paysage. Cette dimension de l'habitat rejoint la question de l'appropriation de l'espace. L'esthétique est ici la traduction matérielle et sensible d'un système de valeurs. Le trop plein, la surcharge, l'accumulation, la densité et le remplissage se manifestent surtout au niveau des matériaux et objets exposés. L'aménagement, comme on pourrait penser de la vie simple, correspondrait à un style dépouillé et minimaliste or il n'en est rien nous nous situons à l'exact opposé. On observe ainsi une vitalité de couleurs et une exubérance chez certaines huttes.

Même si l'on ne peut savoir si ce n'est par préméditation ou ignorance, les cabaniers s'étonnent au résultat improbable de l'assemblage, permettant de la qualifier comme insolite. C'est dans ce processus de réappropriation matérielle par le protagoniste que le sentiment de possession naît. C'est dans ce processus que naît sa dimension métaphorique, son rapport sensible au monde, le différenciant ainsi de tous les autres modes d'habiter.

Le phénomène d'habiter une cabane comme résidence principale apparaît comme une altération à ce style d'habiter. En effet, cet habitat défiant les normes architecturales, sociales, culturelles, législatives est perçu comme une échappée potentielle de désordre et si d'aventure celle-ci s'implante dans un cadre de régularisation, la cabane sera contrainte à revoir sa qualité architecturale basé sur sa fragilité pour être viabilisée, taxée et au final perdre sa richesse par sa normalisation. C'est ici, que se situe la pertinence de l'existence de la cabane, elle est riche dans ses faiblesses, dans sa vulnérabilité qu'elle entretient avec les normes de la société. La cabane est un élément futile et instable autant dans son sens propre que figuré. Une recherche d'hybridation guidée par le montage d'effet technique leur conférant un statut esthétique. Le cabanon n'est pas beau n'importe où et n'importe quand, il est beau quand il rencontre un lieu singulier du monde.

La construction d'une cabane s'intègre dans un cycle d'échange et de récupération. L'altération des matériaux souvent déjà en stade avancé dans la réutilisation est compensé par un maintient assidu de l'aspect de la hutte et par une multiplication de couches et de surcouches de parements, toiles de plastiques, de planches flottantes, de bandes de tissus, de peintures. Ces surcouches peuvent également se retrouver sur le sol avec un rajout de sable, de patchwork de différents revêtements comme du caillebotis, des branches de bambous, des carrelages dépareillés, des dalles de pierres voire des cailloux délimitant la parcelle. Cet effet permet de représenter de manière technique et symbolique l'espace potentiel habitable.

La cabane marque son territoire avec des limites plus ou moins vague selon les sites où elle se situe. Sur l'ile aux Oiseaux la cabane ne possède aucune clôture, dans les villages ostréicoles, la cabane sur rue permet un rapport direct avec l'espace public, par contre, la cabane en ville va se retrouver barricader par les méfaits de l'espace urbain. La protection envers l'extérieur est plus forte, afin de se protéger visuellement de la circulation automobile, la pollution sonore, et l'indiscrétion des passants. La cabane côté rue est amnésique de son environnement et en totale symbiose côté garonne. La notion de liberté en pâti et le cabanier applique une sélection de ce qu'il veut mettre en avant dans sa volonté de vouloir habiter l'espace à sa façon.

La façade comme vitrine personnalisable

La cabane d'après les analyses vues précédemment est une manifestation d'investissements d'objets en tout genre, de couleurs, d'aménagements différents. Cette expression est souvent liée à une philosophie de vie, à un précepte que l'on veut accomplir à l'acquisition d'une cabane. Espaces de représentations dans certains lieux, les cabanes définissent aussi une envie de nouveautés, une volonté d'expériences. C'est naturellement qu'elle est sujette d'expérimentations dans son usage au quotidien.

Souvent l'aménagement intérieur va privilégier des scènes visuelles afin d'orienter toujours le cabanier vers des espaces extérieurs. L'organisation de la hutte s'adapte à la vue et la façade est ainsi composée de grandes ouvertures parsemées. La façade est le prolongement de la personnalité du cabanier, cette appropriation n'a pas de règles, la composition et la personnalisation sont libres.

La façade est une figuration de l'imaginaire, une affirmation de la personnalité du résident. L'expression des énergies et matérialités qui l'a constitue. Au delà de son cercle personnel, la façade peut jouer le rôle de publicité pour les autres. Le cabanier communique sa vision de vouloir vivre différemment, car du moment qu'elle est visible aux autres, alors elle véhicule un message. La façade était pour les ostréiculteurs et pêcheurs la continuité de leurs embarcations, ainsi elle était repeinte de la même couleur que la coque du bateau, telle une tradition, cette marque colorée permettait d'unir la cabane aux eaux. D'autres la préfèrent naturelle, les planches de pins s'assombrissent et se patinent au soleil comme d'autres choisissent de la peindre plusieurs fois par an car à chacun ses couleurs, à chacun son petit royaume.

Elle peut être peinte franchement, les volets, la porte, les encadrements de fenêtres et même parfois les outils et les paniers métalliques car après tout la cabane n'est pas une maison et tout est permis. Souvent inspirés d'aquarelles ou d'artistes, la cabane est bichonnée aux nuances pastel ou teintes éclatantes. Le choix des couleurs peut également apparaître comme un signe d'appartenance différenciant les ports entre eux. Il est remarquable d'observer qu'un respect de tradition locale perdure. Ainsi les portes, encadrements et volets peuvent être assortis alors que dans d'autres ports, la cabane est entièrement peinte.

Bien que les cabanes s'inscrivent dans une architecture normée (6x8m). L'architecture de base peut être enrichie d'un auvent sur la façade principale ou bien d'un appentis. Elles sont souvent décoratives avec des frises en bois, des consoles aux rebords des fenêtres sont rajoutées pour improviser un bar quand la fenêtre s'ouvre. Les volets ont des formes différentes, l'un avec ouverture à un ou deux battants, l'autre avec des baies horizontales avec un volet que l'on peut relever à l'aide d'un bout de bâton ou à l'aide d'une longue perche. On ne peut ainsi s'empêcher de se demander si ce procédé est volontaire pour appuyer l'image modeste de la vie d'un cabanier ou si c'est par un manque de savoir faire constructif.

Pour certains, l'abri est d'abords un modèle de construction expérimental, rapide et ingénieux étroitement connecté avec son site. L'objet empirique existe donc sous toutes ses formes variées. La diversité et la multiplication des formes aussi bien à travers l'espace que le temps rend l'usage pluriel nécessaire. La dimension de l'habiter est revisitée par les intentions du créateur se caractérisant par l'absence d'impératifs de solidité et d'ancrage et par la technique constructive révélant plus l'ordre du bricolage que de réel savoir faire. Ainsi l'abri devient un espace modeste traversant le temps existant pour elle même.

La satisfaction de l'inconfort

La réappropriation de la cabane en espace récréatif n'est pas banal, il ne s'agit pas de pêcher ou de chasser pour se nourrir mais de se divertir, cela montre comment l'on passe du besoin au futile. Il devient agréable au promeneur de weekend end de prendre la pluie, car il sait qu'il retrouvera rapidement son confort urbain qui le protège.

La cabane se distingue par son manque d'accès à l'eau courante, à l'électricité, à être source d'énergies par des procédés qui révèlent plus de la débrouille que de la réelle technologie. Dans la cabane de Souys de Francis[17], le propriétaire peut se rattacher au réseau eau de la ville, d'où l'avantage de se situer dans un espace urbain mais quant au reste, Francis produit sa propre énergie. Il récupère tout de même l'eau de pluie pour arroser son jardinet et entasse de vieux journaux qu'il compacte en briquettes pour chauffer son poêle et se réchauffer pendant les longues soirées d'hiver. Mais ici, personne ne se plaint, au contraire le procédé ravit les utilisateurs en vivant l'économie et l'isolement tel le but d'un cabanier.

La lampe de pétrole ne sert pas uniquement pour décor, dès que le soir devient sombre, la lampe diffuse une forte odeur d'essence et vient se poser sur la table brute ou s'accrocher au centre de la pièce principale afin d'éclairer toute la hutte. Les objets de la cabane vibrent sous le mouvement oscillant de la flamme, les chapeaux d'explorateurs accrochés sur le mur nous offrent un spectacle d'ombres chinoises. Le pare à vent en osier laisse transparaître sur le mur un graphisme de moucharabieh, les oiseaux sifflent dehors et la cabane nous parle tel un être vivant, elle se révèle et nous fait découvrir son autre facette. Il n'y pas de volets aux fenêtres et si il fait trop chaud alors il faudra entrouvrir la fenêtre par un bâton.

Le cabanier se lève avec les lueurs du soleil, le bruit extérieur et se couche sous la pénombre de la nuit. C'est la nature qui est maître du temps, il impose indirectement le rythme de vie.

L'accès à la cabane peut se révéler périlleux, le ponton vibre et la rambarde semble vaciller dangereusement mais qu'importe, cet élément pourra être rafistolé une prochaine fois. Cela dit, le cabanier ne doit pas baisser sa garde, le sol imaginé par le propriétaire et à base de récupération de vielles

---

[17] *Voir le profil de Francis en annexe*

planches chinées par-ci par là pouvant révéler des différences de niveaux, de légères inclinaisons voire des cavités par une malheureuse volige cassée. Mais au final, le ponton remplit son but et permet d'accéder à la cabane tout en étant une continuité esthétique de la hutte. La valeur est constante et permet un projet personnel et abouti. Cette image se renforce souvent par un tas de débris en tout genre qui prône aux alentours de la cabane tel un « tout venant » démontrant que la cabane est toujours et constamment en chantier, jamais réellement fini. Ainsi des palettes, de vieilles bobines en bois, des planches s'entassent attendant leurs fonctions futures.

Le manque de places se fait ressentir dans la cabane, une fois que les amis et la famille s'invitent dans le village de l'herbe, mais des solutions souvent inventives sont découvertes pour remédier au manque certain d'espace. Les propriétaires exploitent la verticalité du lieu et créent des rangements, meubles en tout genre, sommier en bois sur mesures. Les mobiliers se rétractent pour laisser la place à une nouvelle utilisation de l'espace, il faut souvent monter sur une chaise pour attraper les objets en hauteur, en hiver, une corde à linge est accrochée à proximité du poêle pour faire sécher plus vite les vêtements.

Les échelles de lits permettent un gain de place et de rentabilité spatiale, les tablettes de nuits accrochés contre le mur se rétractent ou un lit peut en cacher un autre en glissant de sous le sommier un matelas d'appoint au sol. Les casseroles s'accrochent sur le mur, évitant les meubles de rangements par manque de surface au sol et préférant la place au large fauteuil devant la vue.

L'obsession du Robinson est fortement présente, car malgré cet assemblage aléatoire des matériaux, mobiliers, et ajustements, rien n'est réellement hasard. Tout est réfléchi et calculé et ces petites robinsonnades organisées renvoient une façon de pouvoir autoconstruire son environnement. Il y en a partout, dedans, dehors : scies, tôles d'acier, pièces détachées d'outils, à même le sol, accumulés le long du chemin qui mène à la cabane. Dans les configurations étudiées, l'autoconstruction intervient que dans le rajout de la hutte, la cabane n'est pas édifiée, elle est transformée.

La notion de confort est ici délicate à définir mais elle peut se décrire à la conséquence qu'à l'objet sur les facultés sensorielles de l'homme mais aussi à sa relation avec le corps et de sa proximité. La notion de confort est alors redéfinit selon les différentes relations que l'on entretient avec l'objet. De plus le confort, est dans ce cas, la translation d'une adaptation directe à un usage, car même si les activités y sont futiles, chaque mobilier est indispensable et répond à un besoin précis opposant les préceptes de surconsommation et d'abondances d'acquisition matérielles dans la société.

Conclusion

Ce travail d'initiation fût l'occasion d'aborder un thème que j'ai découvert petit à petit, au fil des voyages, au fil des pages et des rencontres. La cabane n'est pas seulement un être insolite dans le paysage, il résulte d'une envie de la société contemporaine et est le résultat d'une forme à vivre, d'un idéal de façon de vivre et de se situer dans l'espace habitable. La cabane pouvant avoir plusieurs dénominations, plusieurs formes, plusieurs lieux à interagir, plusieurs types d'habitants se révèle être d'une richesse à grand pouvoir de potentialité dans l'œil de l'architecte. Derrière chaque cabane se trouve un homme avec une histoire personnelle et une vision différente du monde. J'aperçois là, un début de réponse dans la capacité à réaliser mes futurs projets. L'objet cabane perd de son sens si on l'ampute de son milieu, de sa relation avec les autres compositions architecturales, du message qu'elle veut véhiculer. C'est avant tout une interconnexion, un réseau, un petit jeu, où la cabane vient se glisser innocemment entre l'urbain et le rural. Une ponctualité fragile mais d'une justesse rare où la sincérité de la structure transparaît à l'humanité de ses propriétaires. La cabane, avec une prise de distance est simplement un espace vierge à conquérir, à une échelle calibrée à celle de l'homme suffisante pour s'imaginer une réappropriation intégrale à moindre coût du à sa taille. Un espace sans fondations qui permet de se donner le droit de ne rien fonder mais juste d'intervenir dans un lieu sans pression de modifications irréversibles, un espace de rajouts de modules, telles des greffes selon ses envies, un univers personnel mais tout le temps nouveau. Ce qui qualifie également la cabane est sa distance par rapport à son habitat quotidien, le fait de sortir de chez soi pour aller vers un autre chez soi, le fait de se sentir influencé par un autre milieu, de rompre avec une habitude.

La cabane doit perdurer mais également évoluer pour devenir sujet d'expérimentations dans les projets architecturaux, car si on le considère comme un espace attenant au logement alors il pourrait être observé tel une pièce à statut unique. Aussi bien que l'on possède une cave ou un grenier, on pourrait bien imaginer que l'on possède une « pièce cabane ». Une entité entièrement appropriable distancée du logement pour répondre à une demande indirecte étudié dans ce mémoire. Cet espace pourrait alors être interconnecté à d'autres « pièce cabanes » du quartier permettant l'évasion ponctuelle et la découverte d'un milieu différent du logement. Ce début de réponse permettrait de pouvoir distinguer deux espaces habitables à différentes vitesses, l'une stable et raisonnée et une autre changeante et mouvante. Mais bien plus que ça, la proposition permet aussi d'interconnecter directement les différents habitants d'un quartier entre eux, et nous aurions ainsi une nouvelle couche de socialisation, celle des voisins du logement et celle des voisins de la cabane permettant une mixité d'habitants favorisant l'intégration.

Ce qui est intéressant d'apercevoir dans ce sujet, c'est que la cabane est un sujet qui fascine et qui est dans l'air du temps, si bien que des architectes contemporains se démarquent par une approche de la construction proche de l'aléatoire, de la naïveté et de hasard que l'on peut trouver dans la cabane mais reconnu et exposé depuis peu. La Biennale de Venise en 2010 fût l'apogée de cette approche en exposant des architectes tel que terunobu fujimori à l'architecture étrange et fantastique, créant des « maisons cabanes » aux approches nostalgiques rejetant les aspects technologiques mais pas le savoir faire traditionnel revisité. D'autres architectes comme Studio Mumbai nous questionne sur nos propres réflexes de construction en bouleversant les codes relationnels entre l'artisan et l'architecte. Cette même biennale ainsi expose les différents processus à la fois technique et poétique.

Ainsi nous pouvons imaginer *une recherche de modèles d'urbanisation faible, des réalisations de limites vagues et traversables, des réalisations d'infrastructures légères et réversibles, des réalisations de grandes transformations à l'aide de micro projet.*[18]

Je parle d'ancrage, de pouvoir se sédentariser en se donnant le droit de ne rien fonder. Se donner le droit de vivre sans les règles de l'habitat. Dans le cadre de ce travail, résider sans attaches symbolise la dissociation de son lieu d'habitat à son lieu d'adresse. Choisir d'habiter un espace sans fondations, c'est établir ses propres règles d'adaptations à un site. Peut-on ainsi imaginer l'ancrage au sol de ces habitations tout en renvoyant à des manières de vivre de l'habitat sans fondation? Défini à la fois comme habitat isolé et groupé, habiter sans adresses, c'est s'écarter pour se regrouper parmi ses semblables. C'est se délier pour se relier. En détachant son adresse administrative de son lieu de vie, les cabaniers revendiquent leurs autonomies et cultivent l'anonymat. La précarité du quotidien est parfois remplacée par l'imaginaire que l'habitation itinérante renvoi mais peut être interdite à ceux qui choisissent de la vivre. L'avenir de la cabane doit être un balancier entre l'envie et le besoin, entre une identité locale et un modèle de valeurs universelles, un espace de jeu et un outil de travail, entre le songe et l'existant afin que la cabane reste un mot qui se dit avec envie ouvrant les champs à tous les fantasmes.

---

[18] *Proposition de réinterprétation de la Charte d'Athènes à la Biennale de Venise 2010*

Bibliographie

LIVRES

BAHAMON Alejandro-VICENS SOLER Anna, *Cabane l'architecture du vernaculaire au contemporain*, Ed l'inédite, 2008, 142 pages

URBAIN Jean Didier, *Paradis verts : Désirs de campagnes et passions résidentielles*, Ed Payot, 2008.

DUBOST Françoise, *L'autre maison-La résidence secondaire refuge des générations,* Ed Autrement, 1998, 183 pages

ROWAN Gerald, *Compact Cabins: Simple Living in 1,000 Square Feet Or Less*, Ed Storey publishing, 2010

BOYER Marie Françoise, *Le génie des cabanes*, Ed thames et Hudson, 2004, 112 pages

BONNIN Philippe, *D'une maison à l'autre : Parcours et mobilités résidentielles*, Ed Créaphis, 1999, 365 pages

CHALVRON Stéphanie, *Les 20 ports du bassin d'Arcachon : sur les routes des cabanes*, éd. des Barkhanes, 2005,105 pages

LOUBES Jean Paul, *Traité d'architecture sauvage*, Ed Sextant, 2010, 171 pages

PAQUOT Thierry, *Demeure terrestre : Enquête vagabonde sur l'habiter,* éd. Broché.

POUMEYROL Jean Christophe, DANEY Charles, *Cabanes dans le sud ouest, éd. Cairn, 2006, 192 pages.*

TIBERGHIEN, Gilles A, *Notes sur la nature, la cabane et quelques autres choses,* Ed. du Félin, 2005

THOREAU Henry David, *Walden ou la vie dans les bois*, Ed Gallimard, 1990

THOREAU Henry David, *La vie sans principe*, Ed Mille et une nuit, 2004, 63 pages

Grand dictionnaire encyclopédique Larousse, Paris, Larousse, 2010

ARTICLES DE PRESSE-PERIODIQUES

URBAIN Jean Didier, *L'invention d'un système bi-résidentiel,* extrait d'article de la *revue Ville école intégration* n°156, mars 2009

FAROUDJA Hocini, Enfants et ses espaces, extrait d'article de la revue *Enfances et psy* n°31, 2006

DOCUMENTS INTERNETS

ACLOU, *Les cabanes de l'île* URL : http://www.ile-aux-oiseaux.org/Les-cabanes-de-l-ile.html

CABINPORN, URL : http://freecabinporn.com/

FLICKR, URL : http://www.flickr.com/search/?q=cabane+sud+ouest&f=hp

LE SITE SPECIALISTE DES CABANES, URL : http://www.les-cabanes.com/

MUSEE DU PATRIMOINE DU PAYS ROYANNAIS, *Des carrelets et des hommes*, URL : http://www.pays-royannais-patrimoine.com/themes/peche/les-carrelets-sur-ponton/des-carrelets-et-des-hommes/

NTNUI KOIENE, URL : http://org.ntnu.no/koiene/

PASI AALTO, URL : http://www.pasiaalto.com/

ROCALIA, Guide du Parc Résidentiel de Loisirs URL : http://www.rocalia.fr/guide_du_prl/guide_du_prl.php?p=3&d=2

TERRI CHIAO, *A cabin in a loft* URL : http://www.asmallspace.com/

DOCUMENTS TELEVISUELS

LA CABANISTATION PREND DE L'AMPLEUR, JT de 13H TF1, 2 juillet 2009, URL : http://videos.tf1.fr/jt-13h/la-cabanisation-prend-de-l-ampleur-4461774.html

LES PRIVILEGIES DU BASSIN, Reportage de 2009 TF1
http://www.wat.tv/video/privilegies-bassin-3xj75_2flv7_.html

Remerciements :

Aux enseignants de l'ENSAP Bordeaux, aux enseignants de l'école de Condé et à sa directrice Anne Renollet, à mes amis et collègues architectes Hélène Grialou , Sara Guedes, Sophie Giraudmaillet, Hélène Bertaud, Anouck Privat, à mes amies ayant partagé l'expérience de la cabin Eva Morier Berelle et Flore Izabel, à mes amies voyageurs Camille Borie, Isabelle Berrier, Sarah Belkacem et à ma famille me soutenant dans mon parcours professionnel et personnel.

Oui, je veux morebooks!

I want morebooks!

Buy your books fast and straightforward online - at one of the world's fastest growing online book stores! Environmentally sound due to Print-on-Demand technologies.

Buy your books online at
www.get-morebooks.com

Achetez vos livres en ligne, vite et bien, sur l'une des librairies en ligne les plus performantes au monde!
En protégeant nos ressources et notre environnement grâce à l'impression à la demande.

La librairie en ligne pour acheter plus vite
www.morebooks.fr

OmniScriptum Marketing DEU GmbH
Heinrich-Böcking-Str. 6-8
D - 66121 Saarbrücken
Telefax: +49 681 93 81 567-9

info@omniscriptum.com
www.omniscriptum.com

www.ingramcontent.com/pod-product-compliance
Lightning Source LLC
Chambersburg PA
CBHW020810160426
43192CB00006B/513